中國古代四大美人的傳說
漢語拼音版

閉月・貂蟬的故事

有勇有謀，計除國賊

宋詒瑞　編著

陳巧媚　圖

新雅文化事業有限公司
www.sunya.com.hk

中國古代四大美人的傳說（漢語拼音版）

閉月・貂蟬的故事

編　　著：宋詒瑞
繪　　圖：陳巧媚
策　　劃：甄艷慈
責任編輯：潘宏飛
美術設計：何宙樺
出　　版：新雅文化事業有限公司
　　　　　香港英皇道499號北角工業大廈18樓
　　　　　電話：(852) 2138 7998裏
　　　　　傳真：(852) 2597 4003
　　　　　網址：http://www.sunya.com.hk
　　　　　電郵：marketing@sunya.com.hk
發　　行：香港聯合書刊物流有限公司
　　　　　香港新界大埔汀麗路36號中華商務印刷大廈3字樓
　　　　　電話：(852) 2150 2100　傳真：(852) 2407 3062
　　　　　電郵：info@suplogistics.com.hk
印　　刷：中華商務彩色印刷有限公司
　　　　　香港新界大埔汀麗路36號
版　　次：二〇一五年五月初版
　　　　　10 9 8 7 6 5 4 3 2 / 2015

ISBN: 978-962-08-6326-4

前言

「閉月羞花之貌、沉魚落雁之容」，你聽説過這兩句話嗎？這是歷來中國人形容美女的兩大名句。你可知道它們的出處？

原來「閉月羞花、沉魚落雁」這八個字中包含着四個有趣而淒美的故事，敍述了四位中國古代女子可歌可泣的命運。她們都擁有一副令人驚羨的美貌——美麗的西施使河中的魚兒們自慚形穢而沉入河底（沉魚），月亮自愧不如貂蟬的美貌而躲在了雲朵後面（閉月），盛開的花兒不如楊貴妃美而羞愧地低下了頭（羞花），天上的大雁見到出塞路上的昭君忘記飛翔而紛紛落地（落雁）……這樣的比喻有些誇張，但卻別有創意，突顯了人們對四大美女的激賞。

自古以來，中國的美女多如繁星，為何人們往往以此四人為代表來形容女子的美麗，使她們名傳千古呢？

這就是我們編輯出版這套書的理念了。在中國歷史上，女子的社會地位低下，她們不能像男人一樣建功立業，有所成就，只需靠美貌和賢淑來相夫教子

就可以了，因此多少有才氣的女子被壓制。書中的四位古代美女不是普通的美女子，她們的身世經歷影響了國家的命運——善良勇敢的西施為報國仇而犧牲自己的青春和愛情，美麗聰慧的昭君為了國家邊疆的安寧而不惜捨棄舒適的宮廷生活甘當和平使者，有勇有謀的貂蟬設計除去了國賊，精通歌舞的楊貴妃雖然與君王的忠貞戀情引發國事的衰敗，可是卻留藝人間……她們的故事各不相同，但讀來無不令人歎息。而西施、王昭君和貂蟬三位美女聰慧純真、廣闊胸襟、愛國情懷和自我犧牲精神更是令人讚歎不已。

　　本系列書雖然命名為《中國古代四大美人的傳說》，但是故事的大框架卻忠實於歷史，是一部半虛構作品。希望我們的小讀者們讀了這些故事之後，不僅知道了她們的故事，更深入了解她們的心靈和精神面貌，知道什麼才是真正的「美」，知道應該去追求什麼樣的「美」。

賞讀

東漢末年，朝政腐敗，西涼大將軍董卓率兵入洛陽，很快控制了朝政。第二年，董卓又自稱太師，他更想得到漢室江山，當上真正的皇帝。董卓為人十分殘暴，凡是對他不滿的大臣他都毫不留情地殺掉。他還有勇猛的義子呂布為虎作倀，更是飛揚跋扈，不可一世。全國上下無人不恨他，國家到了危難關頭。

貂蟬就生活在這樣動盪的時代。

貂蟬是當時大臣王允的養女，她長得非常漂亮，傳說天上的明月見了她也要羞愧得躲進雲裏去。她見養父為國事憂心如焚，就一心要為父解憂。她深明大義，當王允與她商量設計除掉董卓時，她沒有退縮，勇敢地答應下來。她這麼做不單是為了報答王允養育之恩，更主要的是她眼見當時百姓生活痛苦，國家危難，因此寧可為國為民除害而甘願犧牲自己的青春與幸福。

貂蟬不僅貌美，更有勇有謀，在這起連環計中，她冷靜機智地周旋於董卓父子之間，終於除掉了惡貫滿盈的董卓，使動亂的朝野暫時得以安寧，也縮短了軍閥混戰的局面，使得風雨飄搖的漢朝江山得以延續。

貂蟬的事迹，多見於《三國演義》的記述，但對於她的出身和結局眾說紛紜，撲朔迷離。但無論如何，貂蟬愛國憂民的胸懷、無私奉獻的精神永為人們所讚誦。

 目錄

閉月・貂蟬的故事

人物介紹

貂蟬

司徒王允的養女,她美貌無比,同時卻也極其的冷靜智慧,為報恩及為國除賊,她周旋於董卓和呂布之間,她是連環計的主角⋯⋯

呂布

東漢及三國第一猛將,他武藝高強,無人能敵。他曾拜董卓為義父,可是後來又殺了董卓,他是連環計的關鍵人物之一⋯⋯

收養孤女

那是東漢末年的時代。在山西省忻州市東南三公里的木芝村，有戶姓任的人家，父親名叫任昂，夫妻倆有一男一女兩個孩子。任家本來家境還好，但後來家道中落，境況越來越差，父母整日為一家人的生計發愁。

家中惟一使父母感到欣慰的事，就是他們的女兒紅昌，長得可愛動人，逗人喜愛。木芝村原盛產木耳，所以也叫木耳村，後來因為村中有棵大槐樹下發現了一株千年靈芝，就改名叫木芝村。

奇怪的是，在紅昌出生之後，村裏的所有桃樹杏樹就不開花了，即使有些樹上開了花，也很快就凋謝了。後來村民見任家的小紅昌長得比花兒更美，便紛紛傳說是因為她太美了，花兒都沒臉與她相比，所以桃樹杏樹都難以成活。

一家人雖然窮困，但也過得和睦平

靜。可是，一場戰亂徹底毀了這家人。

有一天，任昂慌慌張張回家，急忙告訴妻子：「不好了，又要打仗了，趕快收拾一下逃難吧！」

那時，漢王朝名存實亡，搖搖欲墜。各地軍閥在鎮壓黃巾起義的過程中各自割地稱王，互相混戰，戰火不斷，百姓苦不堪言。這次，軍閥的爭戰打到了忻州附近，老百姓都攜帶了些貴重細軟，扶老攜幼往山區逃走。

逃難已是常事。夫妻倆匆匆準備了一下便帶着兩個孩子上路。九歲的男孩能自己跟着大人走，五歲的女兒紅昌走

得慢，爸爸便抱着她。

村路上都是逃難的人羣，摩肩接踵，隊伍像潮水一樣緩慢地向前移動着。

忽然，前面的人羣亂了起來。人們倉皇地喊道：「大兵來了，快逃，快逃！」

只聽得馬蹄聲紛亂，一隊手持刀槍弓箭的武裝士兵衝殺過來，一路左右揮舞着大刀，砍殺擋路的人羣。騎兵後面是步兵，他們一路小跑，兩眼卻東張西望，見到人們背着提着的包袱便伸手搶奪，見到人們攜帶的雞鴨家禽便隨手拿來。

「真是一羣賊兵！」任昂氣憤地説。

不料他的話剛巧被路過的兩個士兵聽到，他們不由分説，舉起手中大刀便向任昂一家人砍來，嘴裏還怒罵道：「你罵人？瞧你還敢再罵一句！」

這兩個士兵左一刀、右一刀，把任昂和妻子、兒子都砍翻在地上。他們血肉之身怎能受得了這鋼刀的砍殺？頓時血流如注，沒多久就死了。

兩個士兵撿起任家的兩個包袱，大笑着走了。逃難的村民們哪敢趨前看個究竟，個個避之不及。

任昂手中的小紅昌被壓在了爸爸身

子下面，倒是保住了一條小命。等她掙

扎着從父親身子下面伸出頭來，見到血

肉模糊的父母親和哥哥時，嚇得大哭起

來。

她這一哭，從下午哭到黃昏。這

時，路上逃難的人羣已漸見稀疏。但是

大家都倉皇上路，誰也無暇也無心情來

過問這個小女孩。

這時，路上出現了兩頂裝飾華美的

坐轎。坐在轎子裏的是朝廷的一位大官，

名叫王允。他是山西祁縣人，漢獻帝登基

後擔任司徒，也即朝廷的丞相，掌管國家

的土地和徵發勞役，是百官之長。

王允夫妻倆剛在老家探了親，正趕

路去洛陽回朝。王夫人在轎子裏老遠就

聽得小女孩的哭聲，便探出頭來張望。

只見一個五六歲的女孩在路旁哭得十分

淒慘，便動了惻隱之心，吩咐轎夫說：

「停下，停下！」

王允見夫人步出轎子，便也停轎走

了下來。他們走近女孩身邊，見到她身

邊的三具屍體，便明白了曾經發生過什

麼事。

王夫人俯身問女孩：「孩子，別哭

了，你叫什麼名字啊？」

女孩見這位夫人態度親切，不像

是壞人，便抽泣着說：「我……，我叫紅昌。爸爸媽媽怎麼……怎麼都不動了呀？」

女孩抬起頭來，天真地望着夫人問道。

16

王夫人見這女孩雖然衣衫襤褸，頭髮凌亂，但是眉清目秀，長得十分有靈氣，不禁心中一動。她對身旁的丈夫說：「我看這孩子長得很不錯，她現在無親無故，不如我們收養她吧。」

王家府邸裏奴婢無數，本來再加多一個也是平常事。王允看看小女孩，說：「她的年紀是不是小了點啊？看上

去才五六歲模樣。」

「嘿，孩子很快就長大。你看她長得這麼漂亮，很有靈氣，只要我們好好培養她，以後一定是個出色的歌女呢。」王夫人很有把握地説。

「好吧，那我們便收養她。」王允説。

於是，王夫人吩咐手下人把小紅昌抱進坐轎，帶回到洛陽的家中。

拜月定計

小紅昌天資聰慧，才智過人，一點就懂，一學就會，王夫人滿心喜歡，委託歌舞師好好培養她。小紅昌越長越漂亮，十六歲時簡直有傾國傾城的美貌。

她的美貌和才藝在眾歌女中首屈一指，

成語說說

傾國傾城

這個成語出自漢代音樂家李延年創作的《佳人歌》：

北方有佳人，遺世而獨立。

一顧傾人城，再顧傾人國。

寧不知傾城與傾國，佳人難再得。

意思是北方有位漂亮的女孩，她只要看一眼，全城的人都為之傾倒，當她再次回頭看時，全國的人都為之傾倒。怎麼不知她傾城傾國的魅力？這樣的女孩實在很難求得了！後來這個成語形容女子容貌極美。在這裏表示貂蟬的美貌無人能比。

suǒ yǐ wáng yǔn fū fù dōu hěn xǐ huan tā jué dìng bǎ tā shōu
所以王允夫婦都很喜歡她，決定把她收

wéi yì nǚ
為義女。

jǔ xíng shōu yǎng lǐ de nà tiān wáng yǔn fū fù shāng liang
舉行收養禮的那天，王允夫婦商量

wèi hóng chāng lìng qǔ yí ge míng zì
為紅昌另取一個名字。

hóng chāng zhè míng zì bù hǎo tīng wǒ men tì tā
「紅昌，這名字不好聽，我們替她

gǎi ge míng ba wáng fū ren tí yì dào
改個名吧。」王夫人提議道。

duì wǒ yě zǎo jiù yǒu cǐ xiǎng fa wáng yǔn
「對，我也早就有此想法。」王允

tóng yì
同意。

nǐ mǎn fù jīng lún yóu nǐ lái dìng yí ge míng zi
「你滿腹經綸，由你來定一個名字

ba wáng fū ren shuō
吧。」王夫人說。

wáng yǔn chén yín piàn kè wàng zhe hóng chāng kāi kǒu shuō
王允沉吟片刻，望着紅昌開口說：

wǒ men hàn cháo gōng tíng li guān yuán tóu shang dōu yǒu diāo wěi
「我們漢朝宮廷裏，官員頭上都有貂尾

hé chán wén yù pèi zuò zhuāng shì xiàng zhēng gāo yǎ hé cōng huì
和蟬紋玉佩作裝飾，象徵高雅和聰慧，

我看，就給義女取名『貂蟬』吧。」

王夫人品味着這個名字：「貂蟬，貂蟬，不錯，聽起來悅耳，又有意義。就是它吧。」她轉向紅昌：「乖女，怎麼樣，你喜歡嗎？」

「謝謝義父義母，這個名字很美，

知識小鏈接

貂蟬名字由來

「貂蟬」一名，在古代是指官員頭上的飾物。「貂」指貂尾，「蟬」指附蟬。秦始皇讓將軍在頭盔上縫貂尾，讓謀士在帽子上縫貂尾。除了縫貂尾，秦始皇還要求縫「附蟬」，就是用白玉或金箔等材料做成蟬的樣子，縫在頭頂。秦朝的將軍和謀士頭上就有一條貂尾和幾隻附蟬，合稱「貂蟬」。

秦始皇往大將和謀士頭上放這兩樣東西，是希望他們能像貂一樣聰明伶俐，能像蟬一樣品行高潔（蟬站在高枝之上，喝樹汁度日）。漢朝官員頭上都有貂蟬作裝飾。漢代人認為「貂」和「蟬」都是美好的事物，所以用它作為名字。

我很喜歡。」紅昌俯首低眉，溫柔地答
道。

從此人們就忘了任紅昌這個名字，
這個不平凡的女孩日後就以貂蟬的名字
作出了一番驚天動地的大事。

當時朝廷內有個奸臣叫董卓，他以
鎮壓黃巾起義有功而官運亨通，野心勃
勃，一心想侵佔中原。趁宦官和外戚爭
權的時機混進洛陽，毒死了少帝，立獻
帝，自己當了丞相，自稱太師，獨攬朝
廷大權，在洛陽為所欲為。他派人挖墓
盜寶，搜刮民脂民膏，又殘暴成性，隨
意殺戮百姓和不服從的官員。全國上下

無不對他恨之入骨。為了躲避各路的討

董大軍，他挾持獻帝要遷都到長安，百

姓不肯跟他走，他就下令把洛陽城的房

屋建築全部燒掉。

　　當時王允是東漢大臣，理所當然要

輔助董卓治理國家大事。王允忠於漢王

朝，看不慣董卓操縱獻帝、篡權奪政，

只是表面假意奉承他。

　　董卓遷都到長安之後，仗着有勇猛

的義子呂布在身邊，更加飛揚跋扈，隻

手遮天。王允對董卓的所作所為十分氣

憤，但自己無能為力，所以時時憂憤在

心。

一天早上，百官正在上朝議事，呂布突然來到董卓身邊，在他耳邊悄悄說了幾句，董卓點了點頭，呂布就走到一名叫張溫的官員面前，把他揪下朝。

過了一會兒，一名侍從托了個紅布蓋着的大盤進來，董卓命令侍從揭開紅布，原來盤中放着的就是張溫的人頭！董卓命令呂布一一向官員敬酒，並把人頭在各人面前傳看。董卓說：「你們對我忠心，我不會害你們。我是受上天保佑的人，像張溫那樣要內外勾結來害我的人一定會失敗。」他這是殺雞給猴看，用以威嚇眾官員。

晚上，王允步入家中花園，想起上午上朝的事，親眼目睹一位同僚無緣無故被奸臣突然處決，而自己束手無策，不覺悲從中來，暗暗落淚。心想再也不能讓董卓這家伙如此橫行霸道，毀了漢朝，害了百姓。但是要除掉董卓又談何容易？他的爪牙很多，尤其是身邊那個無敵勇士呂布……王允想不出辦法，抬頭望天，長吁短歎。

正在此時，他聽到園中隱隱傳來一陣歎息聲。這麼晚了，誰還在園中？王允循聲悄悄走過去，看見原來是義女貂蟬，正在月下祭拜。

25

王允走到她身邊輕聲問道：「貂蟬，這麼晚了，你還在園中做什麼？」

貂蟬抬頭見是王允來到，趕快抹了抹淚。王允見到她眼淚汪汪，奇怪地問道：「你哭了？有什麼傷心事，能不能對我說說？」

貂蟬一時間不知該怎麼開口，仍是低着頭歎氣。

王允說：「莫非你在此地受人欺負了？還是有什麼別的事不稱心？快告訴我吧。」

貂蟬這才張口道：「義父別誤解。我在這兒一切都很好，多虧您和夫人收

留了我，讓我過上這樣的好日子。小女不知該如何報答恩人才好。近日來，一直見義父悶悶不樂，心事重重，小女幫不上忙，不能為義父排愁解憂，所以前來祭拜，希望義父早日能解除憂煩。」

王允見貂蟬如此體貼如此懂事，心中很覺寬慰。他反過來勸慰貂蟬說：「是啊，身為朝廷官員，心掛國家百姓，肩負重任，我哪有輕鬆的日子？你不用為我擔心，我能處理好。」

貂蟬說：「今日見義父自上朝回來後格外坐立不安，心情煩躁，想必遇到了什麼重大事情難以解決。義父，若是

有能用得到小女的地方，請一定告知，

小女願分擔義父肩上重任，為國為民赴

湯蹈火，萬死不辭，以報答義父義母養

育之恩。」

貂蟬絮絮地說着，眉宇間流露出一

股浩然正氣，美麗的臉龐中帶着一股英

豪氣概，絕色的容貌更顯得楚楚動人。

王允靜靜地聽着、看着，他完全相信貂

蟬的話是出自真心實意。

成語說說

萬死不辭

　　萬死：死一萬次，形容冒生命危險，即便死一萬次也不推辭。表示願意拼死效勞。這裏表示貂蟬願意犧牲自己以拯救國家的決心。

忽然，王允腦中靈光一閃，計上心來。他心想：我有這麼一個美麗、聰慧、純真、忠心的女兒，正可幫助我完成我獨力做不了的事啊。

他就對貂蟬說：「很高興聽到你說出這番話，真是我的孝順好女兒啊。來，跟我到書齋來，我有事對你說！」

一進到書齋，王允讓貂蟬坐下，自己竟撲通一下子面對她跪拜在地。嚇得貂蟬彈跳起來，邊伸手扶他，邊說：

「使不得呀，使不得，義父快起來，快起來！」

但是王允就是不起身，說：「我並

非拜你，而是拜國家。因為我要求你做的，是關係到國家生死存亡的大事。我思來想去，只有你才能擔當這重任。」

貂蟬一聽心中受到很大震動，她也趕快跪倒在地。她說：「義父要我做什麼都可以，何況是救國救民的大事。我雖然是女孩子，也有一顆報國心，現在國家如此混亂，百姓不寧，如果我能出一把力，我是萬死不辭的。」

王允聽了很是感動。兩人坐下，王允把想到的一個計劃輕聲向貂蟬詳細解說。

王允告訴她，奸臣董卓如何篡權

橫行，朝中文武百官無計可施，心急如焚。董卓有個義子叫呂布，武藝高強，英勇無比。董卓仗着他更是無可畏懼，如果能挑起他父子不和，借呂布之手殺掉董卓，就可為國除害。貂蟬所要做的就是使他父子二人反目成仇。

貂蟬靜靜地聽着，腦中翻騰着，思緒萬千。但心中暗暗佩服義父的眼光獨到，深謀遠慮。

說到最後，王允感歎道：「貂蟬，這個計劃將要你犧牲你的青春與幸福，這使我很內疚。你要知道，我這是萬不得已啊！」

貂蟬平靜地說道：「義父，你這個計策很好，我想一定會成功的。我能跟隨義父出力，為國為民除掉亂臣賊子，這是我的榮幸我的驕傲。」

設宴誘布

第二天，王允拿出家中珍藏的名貴明珠數顆，命令手下人找到城中最出名的巧匠，用珍珠和黃金打造了一頂金冠，秘密送到呂布那裏。

呂布收到這頂精緻的金冠大喜過望。他本來有一頂金冠，叫三叉束髮紫金冠，出征時總戴在頭上。但是在虎牢關和劉、關、張三英大戰時弄丟了，為此他心中十分懊惱。王允知道這件事，

也深知呂布頭腦簡單，貪財重利，所以不惜花費重金為他打造了一模一樣的金冠來取得他的歡心，呂布果然上鈎了。

這是計策的第一步。

呂布收到金冠，立即到王允府上表示感謝。王允親自到大門口迎接。

呂布說：「我呂布只是相府一將，您是朝廷大官，為何得到您的錯愛？」

王允說：「現今天下沒有別的英

知識小鏈接

三英戰呂布

三英指的是劉備、關羽、張飛三兄弟，他們三人曾在虎牢關與呂布進行過殊死戰鬥。三英戰呂布是《三國演義》中一個精彩的故事情節。

雄，惟獨您呂將軍一人啊！我王允是敬佩您的才啊！」

呂布聽了這些奉承話，洋洋得意。

王允設宴盛情招待他。席間，王允殷勤勸酒，等到呂布喝得有七分醉時，王允說：「今日大家高興，讓我小女貂蟬出來為將軍敬酒吧。」

盛裝打扮的貂蟬款款從內室出來，呂布從沒見過這麼漂亮的女孩，一見她就被吸引住了。貂蟬見這位著名的勇士長得高大威猛，英氣逼人，她不由得心中暗暗欽佩，馬上柔聲讚道：「啊，久聞呂將軍大名，如雷貫耳，今日得以拜

見，果然是『人中呂布，馬中赤兔』，名不虛傳啊！敬您一杯！」

美酒和美人，加上美言，呂布聽了高興得不得了，渾身輕飄飄的。王允趁機開口說道：

「將軍你是天下第一英雄，如果你不嫌棄，我想把小女許配與將軍為妾，不知將軍肯接受嗎？」

呂布一聽，高興壞了。他立即站

知識小鏈接

人中呂布，馬中赤兔

呂布是三國第一猛將，他武藝高強，無人能比，而赤兔則指赤兔馬，牠是世間少有的神駒。這句話的意思是人才如呂布，馬如同赤兔馬，比喻非常優秀的人才，萬里挑一。這裏貂蟬誇讚呂布非常神勇。

起來謝道：「司徒大人，你説得是真的嗎？這是我求之不得的啊！若真有此緣分，日後你有用得上我的地方，我一定赴湯蹈火！」

王允説：「既然將軍喜愛，那這件事就這麼定了。等我選個良辰吉日，就把小女送到府上。」

「王大人，真是太感謝你了！」呂布欣喜異常，起身告辭，滿懷歡喜地回家等待王允送貂蟬到自己府上。

贈蟬於董

過了兩天，王允在朝堂見到董卓，看看呂布不在場，他連忙向董卓拜道：「太師，今日有人送了我幾瓶名酒，我想請太師到我府上來飲酒，太師能否賞面光臨呢？」

董卓很喜歡喝酒，一聽有美酒，當即爽快地答應了：「司徒是朝廷元老，司徒請我，我哪能不去呢？」

第二天傍晚，董卓來到王府。王允穿着朝服相迎，左右有百餘名持戟武士簇擁着進入廳堂。

宴席上擺滿了山珍海味及各色美酒佳釀，王允畢恭畢敬地向董卓敬酒，還連聲稱讚他「治國有方」、「威震四海」，灌得董卓醉醺醺的。

宴席進行到中途，王允對董卓說：

「只是喝酒，卻沒有歌舞，好像少了點什麼。我家中有些歌女，不如讓她們為太師助助興？」

董卓說：「好啊，好啊！」

王允便令人垂下一道薄薄的紗簾，笙簫樂聲一起，美麗無比的貂蟬轉出紗

簾，向董卓深深一拜。董卓眼前一亮，

問王允：「這位姑娘是誰？」

王允說：「是我家的歌女，叫貂

蟬。她能歌善舞，請太師欣賞。」

貂蟬就唱起歌來。她的歌聲宛轉動

聽，董卓讚賞不已。一曲唱完，貂蟬又

揮動水袖跳起舞來，舞姿輕盈，就像天

上的仙女一樣。

一輪明月升起，身穿紗裳的貂蟬在

月光下翩翩起舞，顯得格外朦朧動人。

這時，正好有一片雲飄過，遮住

了明月。沒有了明媚的月光伴舞，貂蟬

就停了下來。董卓本來正看得高興，見

貂蟬停下舞步，覺得很奇怪。貂蟬柔聲說：

「沒有了月光，我不想跳了。」

董卓靈機一動說：「姑娘，那是因為你艷光四射，舞又跳得太出色了，連月亮都自愧不如，躲進雲層裏沒臉出來了。」這席話說得貂蟬重展笑靨，連王允也禁不住拊掌稱道。貂蟬的「閉月之貌」就此揚名天下。

歌舞之後，王允就要貂蟬為董卓斟酒作陪。

董卓望着貂蟬的一舉一動，問道：「姑娘多大啦？」

貂蟬羞答答地回答説：「我今年剛滿 16 歲。」

董卓目不轉睛地盯着她讚道：「姑娘，你簡直是仙女下凡啊！不，連天上的仙女也比不上你呢！」

王允見時機成熟，便起身拱手拜道：「太師，不瞞你説，貂蟬是我的義女，我一直想給她找個好歸宿，太師是當今國家重臣，如果小女能服侍太師左右，她的一生也無愁了，不知太師的意思如何呢？」

董卓一聽，非常高興，他忙不迭説：「太好了，太好了！王大人，我一

定會重重的謝你。」說着，他就急匆匆地起身，吩咐手下人備車，立刻要帶貂蟬走。

王允說：「這姑娘能有機會服侍太師，是她的福氣啊！」他親自把貂蟬送到了董卓府上。

就這樣，貂蟬呆在了董卓身邊。

挑撥離間

王允送走了貂蟬剛回到家，呂布就騎着赤兔馬，手執畫戟氣衝衝地找上門來。

一見王允，呂布翻身下馬，一把揪住王允的衣領高聲責問道：「你這老賊，既然把貂蟬給了我，怎麼今天又讓太師把她帶走？你這不是在戲弄我嗎？」

王允不慌不忙把呂布帶進廳裏，對他說：「你誤解了。太師知道我已把貂蟬許配給了你，就說由他替你把貂蟬帶

走，選個好日子為你倆主婚呢！」

沒頭腦的呂布相信了。王允並拿出

一些珠寶給他，說：「我平時待貂蟬就

像自己的親女兒一樣，這些珠寶是我給

她的嫁妝，請你帶去給她。」

呂布立刻興沖沖趕到董卓居住的相

府。可是董卓已帶着貂蟬進入內室，呂

布到處找不到貂蟬，整整等了一夜。

第二天早上，呂布又來到相府，等

董卓找他商談與貂蟬成婚的事。可是左

等右等還是不見董卓的身影。就在他心

急如焚的時候，董府人告訴他說：「太

師昨夜娶了新人，到現在還沒起身。」

呂布聽了大吃一驚，心中想這「新人」難道是貂蟬？他偷偷來到董卓臥室後面偷看，這時貂蟬剛剛起牀，坐在窗前梳頭，見到窗外的呂布，就露出一副哀怨的愁容，低頭裝作哭泣的樣子，還用手帕抹眼淚。好像在告訴呂布她被迫成了董卓的姬妾。

呂布見了貂蟬這副樣子，心疼得不得了。

董卓起牀後接見呂布，寒暄幾句後，呂布總

不見董卓提起為他主婚的事，就呆呆地站在那裏看董卓吃早餐。

這時，貂蟬在繡花布簾後面走來走去，還不時探出臉來深情地望着呂布，弄得呂布心神不定。董卓覺察到呂布的異樣，還看見他不停地向內室張望，就很不高興地說：「布兒，沒事的話你退下吧。」呂布只好悶悶地離開。

呂布當然不甘心就這麼算了，一來他想弄清楚真相，二來他止不住自己對貂蟬的思念，總想找機會接近她。

呂布知道董卓有午睡的習慣。一天，他趁董卓正在午睡的時候，偷偷溜

進了董卓的卧室。

牀上的紗帳低垂着，貂蟬坐在帳內

陪伴着熟睡的董卓。她沒有閂上卧室的

門，她知道終有一天呂布會因為想見自

己而設法溜進來的。

果然，卧室門悄悄被打開，一個

人影閃了進來，呂布來了。貂蟬用手撩

開了蚊帳的一角，深情地向呂布望去，

並以手指指着自己的心，再指向呂布。

呂布激動得連連點頭，表示明白她以身

相許的意思。貂蟬再轉身指指躺着的董

卓，然後用手絹擦擦眼淚，表示自己是

迫不得已在服侍他。呂布見此情景，心

téng de dōu yào suì le
疼得都要碎了。

lǚ bù zhèng xiǎng xiàng qián zǒu jìn diāo chán dǒng zhuó cóng méng
呂布正想向前走近貂蟬，董卓從矇

lóng zhōng xǐng lái jiàn zhàng wài yǒu ge rén yǐng dà hè yì shēng
朧中醒來，見帳外有個人影，大喝一聲

zuò qǐ shēn lái tā jiē kāi wén zhàng yí kàn shì lǚ bù dùn
坐起身來。他揭開蚊帳一看是呂布，頓

shí nù huǒ zhōng shāo zé mà dào nǐ dǎn gǎn jìn wǒ fáng
時怒火中燒，責罵道：「你膽敢進我房

lái xì nòng wǒ de ài jī kuài gěi wǒ gǔn chū qu
來戲弄我的愛姬？快給我滾出去！」

dǒng zhuó fēn fù shǒu xià bǎ lǚ bù gǎn chū qu tā fèn
董卓吩咐手下把呂布趕出去。他憤

nù de duì lǚ bù shuō yǐ hòu bù zhǔn nǐ zài jìn wǒ de
怒地對呂布說：「以後不准你再進我的

wò shì li lái
臥室裏來！」

鳳儀亭變

呂布悶悶不樂地回到家中，心中恨死了董卓，他認為董卓搶了自己的心上人。

董卓的女婿李儒覺察到董卓和呂布之間由貂蟬產生的矛盾，便勸董卓說：「太師何必為了一個小女子而傷了與義子的感情呢？把貂蟬賜給他算了。」

董卓哪裏捨得放棄美人？他怒叱道：「別再在我面前說這樣的話！我是決不會讓貂蟬離開我的。」

李儒就建議道：「那麼太師不妨

賜給呂布一筆厚金以示安慰，讓他寬寬心。不然的話，如果呂布對你變了心，事情就麻煩了。」

董卓採納了他的建議，第二天叫呂布進來，安慰他說：「昨天我心情不好，說了一些傷害你的話，你別在意啊。」立即賞給他黃金十斤，錦緞二十

匹。呂布謝了他。但是區區金銀財寶怎
能抵消呂布對貂蟬的愛戀？現在的呂布
對董卓只是表面的服從，內心卻早就產
生了叛離之心。

一天上午，呂布先隨着董卓去朝
廷。趁董卓上朝的時候，呂布就溜回到
董卓的相府去見貂蟬。

貂蟬低聲對他說：「屋裏說話不方
便，你先去後花園的鳳儀亭，我隨後就
來。」

兩人在鳳儀亭內相會。後花園內靜
悄悄的，罕有人跡。貂蟬一把眼淚一把
鼻涕地向呂布訴苦，說自己如何被董卓

騙到相府，原説是由他主持她與呂布的婚事，誰知他強迫與她成親。現在天天纏着她不放，被他折磨得快要活不下去了……聽得呂布怒髮衝冠，恨不得立刻把董卓一刀劈了。

貂蟬説自己對呂布一見鍾情，本想嫁了他快快樂樂度過一生，但現在落得如此下場，關在相府天天思念呂布不得相聚……

貂蟬越説越傷心：「我被董大人關在府中，成為了他的姬妾，真是無臉再見呂大將軍，這一生也不可能再服侍將軍，和將軍在一起了，還不如死了算

了！」說着，她一腳跨過亭子的欄杆，要向亭下的荷花池跳去。呂布趕緊拉住她，勸道：「你別這樣，你別這樣！」

貂蟬趁勢一頭倒入呂布的懷中，大哭起來。

她抽泣着說：「不能和將軍在一起，我還怎麼活得下去呢？天天被這惡魔折磨，度日如年，生不如死，你讓我立刻去死了吧！！」

呂布緊緊抱住她，安慰說：「你不能死，今生我不能與你作夫妻，我就不是一條英雄好漢！」

貂蟬說：「可是，我們沒有別的辦

法啊。大將軍雖然是英雄，但如今還是得受太師擺布。你自身難保，怎麼救我呢？」

呂布喃喃道：「你讓我再想想辦法，總會想出辦法來的，會有辦法的！」

兩人在鳳儀亭裏說着話，忘了時間飛逝。董卓上完

朝，回家不見貂蟬人影，問婢女，說貂蟬在後花園看花，董卓便到後花園來尋找。

董卓走到後花園深處，隱約聽得女子的哭泣聲。心裏很奇怪，循聲走到鳳儀亭，只見呂布把自己一直不離手的方天畫戟放在一邊，正和貂蟬站在一起，俯身在她耳邊悄悄說着什麼。董卓一見此景大怒，大步上前，一手抓起呂布的畫戟就向他刺去，嘴裏罵道：「你這小子，反了啊？」

呂布見勢不妙，抽身就跑，董卓手持畫戟在後面追。肥胖臃腫的董卓哪能

追得上身手靈活的呂布？董卓就把手中的畫戟向他飛擲過去，呂布眼明手快，伸出一拳頭把飛過來的畫戟打落在地，他就順手拾起自己的畫戟飛快地逃跑了。

董卓回到鳳儀亭，還未待開口問話，貂蟬見了他便哭倒在地，委屈地哭訴道：「我在後花園賞花，呂將軍過來稱有事要與我商量。我想他是太師的義子，哪敢拒絕，便跟着來到亭內。誰知將軍心存不良，拉着我說東說西，走又走不開，急得我想跳入荷花池自盡，被他一把抱住……」她吞吞吐吐地哭着說

bú xià qù le
不下去了。

dǒng zhuó wán quán xiāng xìn diāo chán de huà　　yǎo yá qiè chǐ
董卓完全相信貂蟬的話，咬牙切齒

de mà dào　　　　zhè xiǎo zi gǎn lái tài suì tóu shang dòng tǔ
地罵道：「這小子敢來太歲頭上動土？

tā bù xiǎng huó le　　kàn wǒ zěn me shōu shi tā
他不想活了？看我怎麼收拾他！」

cóng cǐ dǒng zhuó yǔ lǚ bù zhī jiān de guān xì jiù chè dǐ
從此董卓與呂布之間的關係就徹底

pò liè le
破裂了。

知識小鏈接

太歲頭上動土

　　這句話的意思是比喻觸犯那些超出自己能力之外的人和事。太歲是天上的木星，因為木星每十二個月運行一次，所以古人稱木星為歲星或太歲。它即是星辰，也是民間奉祀的神祇之一。

　　在民間，太歲向來被人們認為擁有一種神秘莫測的力量。傳說蓋房子的時候門不能正對着歲星在天上的星位，不然太歲就會動怒。

密謀除奸

董卓在氣頭上，不想再看到呂布。

貂蟬心情也不好，整天向他鬧着要離開

這個是非之地，到外地去清淨幾天。董

卓便帶着她離開了相府，回到自己的老

家郿塢去散散心。

他們動身的那天，呂布躲在大道旁

目送董卓和貂蟬的坐轎啟程。

貂蟬坐在轎子裏，從小窗中瞥見道

旁大樹後面呂布的身影，便向他揮揮手

中的紗巾，又假裝用紗巾抹眼淚，表示

迫不得已而走。看得呂布怨憤萬分。

呂布離開了義父董卓，心愛的人又

遠去，頓時感到心中空空落落，好像無

所依靠。王允趁機把呂布接

到自己家中，先是安慰一

番，然後就順着呂布的心

思把董卓大罵一通：

「你這義父實在太不

像話，本來好好答允替

你完婚的，他怎能搶了你的人

呢？何況，貂蟬是一百個不願

意跟着他的，她現在是無可奈何，痛苦萬分。我知道你們倆情投意合，本是金童玉女天配的一對，就給這個老賊活活拆散！」

呂布聽了更是痛不欲生，狠下決心：「我一定要報這一次飛戟之仇，他竟然對自己的義子下得了這個毒手！那我也不客氣了，我一定要奪回貂蟬！」

王允故意說：「你做得到嗎？你們畢竟是以父子相稱的啊！」

呂布咬牙切齒：「我姓呂，他姓董，本來就不是親骨肉，不是一家人。他向我扔戟的時候，哪裏還有什麼父子

情啊！」

王允火上加油：「對，怎能任他如

此這般欺負人？他平時作惡太多，民憤

很大。我們設法除了他，也是為民做好

事，一定得民心的。」

呂布當場折斷了一支箭，表示他殺

董卓的決心。

於是兩人密謀刺殺董卓的計劃。不

消幾日，計劃就周密完成。

董卓回到家鄉後，整日與貂蟬一起

遊山玩水，弄花玩草，不問他事。

一天，朝廷的一位使者來到郿塢，

說是天子有詔給他。董卓出來接詔。詔

書說，要董卓立刻回首府，天子將在未央殿召見全體文武大臣，要商議把帝位傳給董太師之事。

野心勃勃的董卓一聽大喜，馬上準備啟程回京城。他對貂蟬說：「我就要做天子了，到時一定立你為貴妃。」貂蟬心知肚明，這是王允與呂布要除掉董卓的計謀，她裝作很高興的樣子拜謝了董卓。

不料董卓此行很不吉利。他的車隊走了不到三十里，所坐的車忽然斷了一根軸，他就下了車，改為騎馬。可是走不到十里地，那匹馬突然大聲咆哮嘶

喊，掙斷了繫馬的轡頭，不得不停下來修理。董卓心中大感疑惑，認為是不吉利的兆頭。可是他的手下人奉承他說：「舊的不去，新的不來，這象徵太師將棄了這舊車，換乘帝王乘坐的金轎玉

66

鞍，是吉兆啊！」

　　第二天上路時，忽然天色大變，狂風大作，塵土蔽天，天色陰暗。手下人又說這是太師要登龍位，天降紫霧來壯威。董卓早想當皇帝，一聽這些話，就高興了。

　　到了京城，百官出來迎接，呂布也前來道賀。董卓對他說：「我登位後，你要統率天下兵馬。」

　　次日早上，董卓進朝，走向未央殿。王允早就布置好衞士守候在殿堂門口，等董卓剛要下馬，一名殺手就向他一戟刺過去，董卓穿着盔甲，那戟沒刺

進他的要害部位，卻傷了他的手臂。董卓掉下馬來，大叫呂布來救命：「呂布，你在哪兒？」

呂布從車後轉出，一個大步跨前，厲聲說：「我在這，就要殺死你這個賊臣！」說着把手中的戟刺向董卓的咽喉，一下子就要了他的命！

從此結束了董卓專權朝廷的黑暗時期。惡貫滿盈的董卓被刺殺的消息傳開後，長安百姓歡欣鼓舞，放鞭炮掛彩燈，大大慶祝了一番。

貂蟬命運

王允見董卓已死，連忙趕到郿塢去見貂蟬。

王允告訴貂蟬已經除掉了董卓的消息，貂蟬很高興，對王允說：

「大事已成，小女可以告退了。」

誰知王允卻說：「我們的的除奸大計只完成了一半。呂布是董卓的義子，留下他總是一個禍患，何況他也跟着董卓做了不少壞事。我們要乘勝追擊，斬草除根！」

貂蟬很猶疑。她心中已有了呂布，

怎忍心殺他？

她不能明說自己對呂布的感情，只是勸說道：「義父，我們能不能放過呂將軍？他畢竟幫我們除掉了董卓，多少是有功的，他能對他義父下手為民除奸，說明他願意改邪歸正。義父可爭取他過來，為義父效勞。」

可是王允堅決不肯。而且告訴貂蟬說，明天呂布要舉行慶功宴，這是最好的時機，要貂蟬在舞劍助興時刺殺呂布。

王允走了之後不久，呂布便來看望貂蟬。董卓已死，他能和貂蟬團圓了，

他滿心歡喜。

他興沖沖地告訴貂蟬說：「明日慶功宴之後，我要正式娶你進門。從此我們再也不會分離了。」

貂蟬卻憂心忡忡。自己的義父命令她要刺死自己的意中人，自己該作出怎樣的抉擇？

她勸呂布說：「我們倆遠走高飛吧，離開這裏，再也別過問朝廷政治了。再這樣爭權奪利打下去，你不會有好結果的。」

呂布正沉浸在勝利的喜悅中，哪能聽得進她的勸告？

這一夜，貂蟬心事重重，備受煎熬。

第二天，呂布大擺慶功宴，宴請此次除害中出力的官員將領，王允自然是座上客，他攜同貂蟬來到。

席間，王允建議讓貂蟬為大家舞劍
助興。貂蟬手執長劍，翩翩起舞，舞姿
婀娜，體態優美，看得眾人讚不絕口。
呂布更是心醉神迷，心花怒放。

貂蟬幾次舞到呂布跟前，舉起手中三尺寶劍，再向前一步就可刺到呂布。可是她於心不忍，次次都下不了手。但是對義父如何交代？何以報答義父養育之恩？極度矛盾之中她想一死了之，便要用手中的寶劍刺向自己胸前。

呂布的雙眼沒離開過自己心愛的人，凝望着她的一舉手一投足，可是今天他覺察到她的神情緊張，動作怪異，便格外留心着她。見她忽然把寶劍刺向胸前，便知不妙，一個箭步上前用手背撥開長劍。貂蟬一陣昏暈，倒在了他的懷裏。

王允把這一切看在眼裏，知道這一對年輕人情投意合，很難分離，便最終同意放過呂布，讓他倆結合。

呂布升職為奮威將軍，被封為溫侯，割據徐州。他娶了貂蟬為妾後，兩人便離開了長安赴任。

董卓的昔日將領李傕、郭汜等人為了要替董卓報仇，聚眾十多萬分四路攻進長安，殺了王允，逼迫獻帝封他們為大將軍，掌握朝廷大權。

呂布於公元198年被曹操打敗，貂蟬跟隨呂布家眷去了許昌，之後便銷聲匿跡了。

無論貂蟬是如何終其一生的，但是人們敬佩這位絕色女子的膽量與智慧，以及為國為民甘於犧牲自己的無私精神。正是這種非凡膽量的展示和高度智慧的運用，加速了漢末軍閥戰亂時代的結束，促成了一代雄才曹操、劉備、孫權等人的崛起，從而使風雨飄搖的漢室江山得以延續。

貂蟬結局

關於貂蟬的結局撲朔迷離，成了千古之謎。大致有以下幾種說法：

一說是呂布被殺後，貂蟬立即自殺身亡。

二說是呂布死後，貂蟬被勝利的曹操擄回許昌，作為侍女留在丞相府中。關羽暫降曹操後，曹操為了籠絡關羽之心，離間劉備、關羽、張飛，想重施美人計，要把貂蟬賜給關羽。貂蟬不願傷害到桃園三兄弟，半途逃跑，被曹操追殺，她自動撲到劍上而死。關羽得知後

bǎ tā de yí tǐ hù sòng huí gù xiāng ān zàng
把她的遺體護送回故鄉安葬。

sān shuō shì cáo cāo cì diāo chán gěi guān yǔ　guān yǔ bù
三說是曹操賜貂蟬給關羽，關羽不

gǎn yào tā　huī shǒu jiào tā tuì xià　bèi guān yǔ jù jué hòu
敢要她，揮手叫她退下。被關羽拒絕後

diāo chán huí fáng zì jìn ér sǐ
貂蟬回房自盡而死。

sì shuō shì diāo chán zhèng yào zì shā shí　bèi guān yǔ jiù
四說是貂蟬正要自殺時，被關羽救

chū　bǎo hù tā táo zǒu　tā xiāo fà dāng le ní gū　duǒ
出，保護她逃走，她削髮當了尼姑，躲

cáng zài jìng cí ān　jìng xīn xiū xíng　qī jiān tā yǐ yì míng
藏在靜慈庵，靜心修行。期間她以佚名

fāng shì xiě xià le zá jù　jǐn yún táng àn dìng lián huán jì
方式寫下了雜劇《錦雲堂暗定連環計》，

shòu zhōng ān zhōng
壽終庵中。

wǔ shuō shì diāo chán bèi guān yǔ sòng wǎng chéng dū dìng jū
五說是貂蟬被關羽送往成都定居。

guān yǔ zhàn sǐ hòu tā jiù liú luò shǔ zhōng　shì yì míng pǔ tōng
關羽戰死後她就流落蜀中，是一名普通

de cūn fù
的村婦。

liù　shì xiāng mín chuán shuō　chēng táo yuán sān xiōng di dé
六是鄉民傳說，稱桃園三兄弟得

勢後，便把貂蟬送回故里，她一直未嫁，還在當地組織戲班演出，老死後就埋在這裏。所以忻州當地村落裏有貂蟬陵園，建有貂蟬戲台、貂蟬墓碑和關羽像。

思考題

1. 貂蟬的六種結局傳說中，你最希望是哪一種？
   為什麼？

2. 你認為貂蟬是怎樣一個人？說說她的性格。

3. 有人認為貂蟬是個偉大的女性，她在自身作出巨大犧牲的前提下扭轉了國家危局。可是也有人認為貂蟬是紅顏禍水，說說你的看法。

4. 你認為貂蟬在這個連環計中，除了美貌外，還應具備的條件有哪些？

5. 如果後來呂布知道貂蟬是連環計中的主角，他會怎麼對待貂蟬？